Made in the USA
Middletown, DE
30 November 2021

53837105R00062